SAMMLUNG GUTTENTAG

249 a

Die Entwicklung des Jugendrechts

vom

1. 10. 1958 bis 30. 9. 1960

Ergänzung zu Grethlein, Jugendgerichtsgesetz, Kommentar

von

Dr. Gerhard Grethlein

Erster Staatsanwalt

BERLIN 1961

WALTER DE GRUYTER & CO.

vormals G. J. Göschen'sche Verlagshandlung — J. Guttentag, Verlagsbuchhandlung — Georg Reimer — Karl J. Trübner — Veit & Comp.

Archiv-Nr. 211 249a/61

Satz und Druck: Walter de Gruyter & Co., Berlin W 30

Vorwort

Ein Handbuch für die tägliche Praxis, wie es mein Kommentar zum JGG sein will, kann nur dann seinen Zweck erfüllen, den überlasteten Praktiker bei der täglichen Arbeit rasch über alle Probleme und die dazu ergangenen Entscheidungen zu unterrichten, wenn er die neueste Rechtsprechung wiedergibt. Durch dieses Ergänzungsheft wird der Kommentar auf den neuesten Stand vom 30. 9. 1960 gebracht.

Zur Erleichterung der Benutzung dieses Heftes mit (nicht neben) dem Kommentar ist es besonders gestaltet (s. Ratschläge zum Gebrauch S. 4). Die Erläuterungen wurden möglichst knapp gehalten, um trotz Aufnahme der gesamten seit dem Erscheinen des Kommentars veröffentlichten Rechtsprechung die Übersichtlichkeit zu wahren. Die Besonderheiten eines Ergänzungsheftes machten es allerdings zur Vermeidung von Irrtümern erforderlich, den Inhalt der Entscheidungen auch dort wenigstens kurz anzuführen, wo nur die im Kommentar vertretene Ansicht bestätigt wird.

Zusätzlich wurden auch einige Aufsätze neuen oder sonst bedeutsamen Inhalts erwähnt und auch einige Ergänzungen vorgenommen, wie etwa über die Besonderheiten der inzwischen eingerichteten Verkehrssünderkartei. So orientiert insgesamt ein Durchlesen des Heftes auch rasch über die Entwicklung des Jugendrechts in den letzten zwei Jahren.

Die Entscheidungen des BGH und des ObLG sind wie im Kommentar nur mit der Haupt-Fundstelle zitiert; weitere Fundstellen sind dem am Ende abgedruckten Fundstellenverzeichnis zu entnehmen. — Abkürzungen wurden nur vorsichtig verwendet; die gebrauchten entsprechen im wesentlichen dem Abkürzungsverzeichnis des Kommentars.

Ansbach, Oktober 1960 — Dr. Gerhard Grethlein

Inzwischen erschienene Veröffentlichungen sind als laufende Nummern 103—112 angefügt. Ihre Fundstellen sind allein bei der lfd. Nr., nicht im Fundstellenverzeichnis abgedruckt.

Ansbach, November 1960 — D. O.

Ratschläge zum Gebrauch

Es gibt zwei Möglichkeiten, den Inhalt dieses Ergänzungsheftes in den Kommentar einzubeziehen. Entweder:

1. Dieses Heft wird so zerschnitten, daß jeder unter einer laufenden Nummer behandelte Abschnitt vom vorausgehenden und vom nachfolgenden getrennt ist. Das ist leicht möglich, weil die Rückseiten der Blätter unbedruckt sind und weil zwischen den Abschnitten genügend große Abstände gelassen sind.

Jeder Abschnitt wird dann an der in seiner ersten Zeile bezeichneten Stelle am inneren Rand des Kommentars angeklebt, so daß der Text des Kommentars voll lesbar bleibt. — Oder:

2. Die laufende Nummer im Ergänzungsheft wird an der neben ihr bezeichneten Stelle des Kommentars auf den Außenrand der Seite geschrieben. Das Ergänzungsheft kann dann hinten in den Kommentar eingelegt und immer zu Rate gezogen werden, wenn an einer entsprechend bezeichneten Stelle im Kommentar nachgeschlagen wird.

Die kleine Mühe wird durch die Leichtigkeit des Gebrauchs bald aufgewogen.

Der Verfasser

Nr. 1. Einführung II 2a (1) aE **S. 3**
Doch dürfen die **Tat und ihr Gewicht** auch im JStrafrecht nicht außer Verhältnis zu der Maßnahme stehen (s. Blau MDR 58/731, ZBl 59/117).

Nr. 2. § 2 Anm 2a Zeile 2 bei AbgO **S. 11**
Zum Verhältnis **JGG: AbgO** s. Goetzeler NJW 60/1656f.

Nr. 3. § 3 Anm 4a Zeile 3 hinter Klammer **S. 13**
; hierher gehören **auch krankhafte Mängel, wenn** ihr Grund in der natürlichen Heranreifung und nicht in allgemeinen, von der Entwicklung unabhängigen Störungen liegt (ObLG 58/263, 264).

Nr. 4. § 3 Anm 4a Zeilen 5/6 **S. 13**
§§ 3 JGG und 51 StGB sind unabhängig von einander; **mangelnde Reife** kann **niemals** der **Zurechnungsunfähigkeit** gleichgestellt werden (ObLG 58/263f.).

Nr. 5. § 3 Anm. 4a Zeile 6 von unten (S. 14 Textzeile 8) vor — **S. 14**
Umgekehrt kann **bei verminderter Zurechnungsfähigkeit** die **Unterbringung** in einer Heil- oder Pflegeanstalt **nur** angeordnet werden, **wenn** die **Altersreife** vorliegt (überzeugend ObLG 58/263ff.).

Nr. 6. § 3 Anm 4a aE **S. 14**
Verminderte Zurechnungsfähigkeit durch Alkoholgenuß gibt jedenfalls bei solchen Angeklagten **keinen Milderungsgrund** ab, die dem Alkohol trotz Kenntnis seiner enthemmenden Wirkung auch dann in unvernünftigem Ausmaß zusprechen, wenn die Gefahr besteht, daß sie sich nach dem Genuß des Alkohols zu einer strafbaren Handlung hinreißen lassen. In einer solchen Lage befinden sich namentlich die meisten umweltsgeschädigten Heranwachsenden und fast regelmäßig solche, die einer sog. „Bande" angehören. Zur wirksamen Bekämpfung im bes. der Jugend-Kriminalität wird es dienen, wenn Alkoholgenuß als Milderungsgrund bei der Strafzumessung tunlichst ausscheidet (BGH NJW 60 Heft 40 Umschlagseite II v. 19. 8. 1960 — 4 StR 182/60 für gewalttätige Handlungen einer Bande von 18jährigen Burschen).

Nr. 7. § 4 Anm 1a Zeile 3 hinter Klammer **S. 15**
Die **Verjährung** wird durch Maßnahmen des Richters **nach §§ 45 I, 47 unterbrochen** (s. Wortlaut des § 68 I StGB; für Ermahnung Potrykus UJ 56/373).

Nr. 8. § 6 Anm 1 aE **S. 17**
— Soweit jedoch eine **Neben-Strafe oder -Folge** nach JRecht zulässig ist, deren Ausspruch nach allg. Recht **zwingend** ist, muß sie auch gegen J oder Hw ausgesprochen werden (ObLG 28. 8. 57 — 1 St 620/56 für § 123 Branntwein-Monopol-Ges. nach Dallinger-Lackner, Rechtsprechung zum JGG S 3 zu § 6).

Nr. 9. § 7 Anm 1 Zeile 5 **S. 18**

(2) Wegen der Bedeutung der **Altersreife bei Unterbringung** s. § 3 Anm 4a S 14 einschl. lfd. Nr. 5. — **Zur Entziehung der Fahrerlaubnis genügt allein die fehlende Altersreife** (BGH 6/394, 397 letzter Absatz; ObLG 58/263, 264; Floegel-Hartung § 42 m StGB Anm 5b).

Nr. 10. § 17 Anm 1b aE **S. 38**

, zumal **auch im JRecht keine Reaktion ganz außer Verhältnis zur Tat** stehen darf (Blau MDR 58/731, ZBl 59/117, s. auch Knögel NJW 58/609); vgl. OLG Hamburg MDR 59/511 bei Mundraub.

Nr. 11. § 17 Anm 1c aE **S. 38**

AA. BGH 12/129, 133ff, der die JStrafe auch als Vorstrafe im Sinne des **§ 20a I StGB** anerkennt, doch überzeugend widerlegt wird durch Anm Lackner JR 59/226 und Kohlhaas EJF C I 49.

Nr. 12. § 18 Anm 3d (1) aE **S. 41**

vgl. OLG Hamburg MDR 59/511 zur JStrafe bei Mundraub u. oben § 17 Anm 1b aE, lfd Nr. 10.

Nr. 13. § 18 Anm 3 aE **S. 41**

f) Verminderte Zurechnungsfähigkeit nach **Alkoholgenuß** führt grundsätzlich nicht zur Strafmilderung; näher s. § 3 Anm. 4a, lfd Nr. 6.

Nr. 14. § 19 Anm 3b (1) aE **S. 43**

Ausnahmen von der **2-Jahres-Spanne** sind aus allen rechtlich beachtlichen und billigenswerten Gründen, die im Urteil darzulegen sind, möglich; z. B. wenn eine Mindeststrafe von 2 Jahren als Sühne nicht ausreicht (BGH NJW 60/1357).

Nr. 15. § 25 Anm 5a aE **S. 53**

Über die **Schwierigkeiten der Bew.Hilfe bei Soldaten** und den Grundsatz, daß die **Bew.Hilfe** bei Wehrpflichtigen **am Heimatort** weitergeführt wird: BGH NJW 59/1503 mit Anm Grethlein u. OLG Köln EJF C I 66.

Nr. 16. § 26 Fußnote 1 **S. 54**

Wie hier **(Widerruf auch nach Ablauf der Bew.Zeit)** mit leichter Einschränkung: OLG Schleswig Schl HA 59/270.

Nr. 17. § 31 Anm 4b (3) Satz 1 **S. 62**

Wie hier **(Einbeziehung von JStr unbest. Dauer in voller Höhe der Umwandlungsstrafe)** OLG Celle GA 60/86 = EJF C I 63 = ZBl 60/27; OLG Schleswig EJF C I 46 = Schl HA 58/180.

Nr. 18. § 31 Anm 5a Zeile 2 nach sind **S. 63**

Sonst — also immer, wenn alle Taten in einem Verfahren abgeurteilt werden — **muß immer eine Einheitsstrafe** gebildet werden; Unterlassung ist Revisionsgrund, der der Beschränkung des § 55 I (s. dort Anm 2b (2) (a), lfd. Nr. 48) nicht unterliegt (OLG Schleswig EJF C I Nr. 46 = Schl HA 58/180; Frisch NJW 59/1669, wohl auch Dallinger-Lackner N 46; aA Potrykus NJW 59/1064 bei vermeintl. Schwierigkeiten mit der Höchstgrenze der JStrafe).

Nr. 19. § 32 Anm 1c Zeile 2 **S. 65**

Wie hier **(im Zweifel Erw.Recht):** BGH 12/129, 134; aA wohl Schaffstein, Jugendstrafrecht S. 49.

Nr. 20. § 32 Anm 2a **S. 65**

Der **BGH** (NJW 60/1531) hat erneut ausgesprochen, daß eine **Gesamtstrafe** aus Strafen des allg. und des Jugend-Rechts **ausgeschlossen** ist und daß die **entsprechende Anwendung des § 32** jedenfalls zu **unterbleiben** hat, wenn ein Täter nach Volljährigkeit (gemeint wohl: Vollendung des 21. Lebensjahres) eine Straftat begangen hat, auch wenn eine früher begangene Tat erst nachträglich nach JRecht abgeurteilt wird. Doch verlangt der BGH aaO die **Berücksichtigung der** in dem unverkürzten Vollzug nacheinander liegenden **Härte als strafmildernd.**

Nr. 21. § 32 Anm 3 aE **S. 66**

Bei **fortges. Tat**, deren erster Akt kurz vor Vollendung des 18. Lebensjahres begangen wurde und die **mit 18½ Jahren abgeschlossen** ist, ist sorgfältig zu prüfen, ob hinsichtlich des letzten Tatteiles die Reife vorliegt (BGH, bei Dallinger MDR 58/566).

Nr. 22. § 33 Anm 1b (1) aE **S. 67**

Daß „der Amtsrichter auch Jugendrichter“ „für den Bezirk des Amtsgerichts“ ist (z. B. bay VO v. 30. 11. 56 Bay BS III 166), macht **nicht jeden Amtsrichter zum Jugendrichter** (ObLG 59/210).

Nr. 23. § 33 Anm 1c aE **S. 68**

(3) Die **Ermächtigung** zur Errichtung solcher Bezirksjugend(schöffen)gerichte (und der Haftgerichte) gilt zugunsten **der Landesregierungen**, die die Ermächtigung auf die Landesjustizverwaltungen weiter übertragen können (BGBl I 1960/481; vgl. BVerfG NJW 60/1291 u. Diller JR 60/332, 334f).

Nr. 24. § 33 Anm 3a (1) (b) aE **S. 69**

Wie hier **(keine Verweisung durch das Berufungsgericht vom Erw. Gericht an JGer.**, sondern Einstellung) Pentz GA 58/299. — Etwas anderes gilt, wenn der Fall des § 103 vorliegt; s. dort Anm 4a, lfd Nr. 80.

Nr. 25. § 33 Anm 3a (1) (c) vorletzte Zeile **S. 69**

Hat das allg. Gericht entschieden, läuft aber das Verf. nur noch gegen einen J oder Hw, so **verweist das Rev.Gericht** bei Aufhebung an das JGericht zurück (BGH NJW 59/159, 161 — = 12/116ff, diese Stelle fehlt aber —, Deisenhofer Anm EJF C I 34 aA OLG Hamburg GA 58/57 = ZBl 58/56 = EJF C I 34, das das nur noch gegen einen Hw anhängige Verf. an die kleine Strafkammer verwiesen hat; vgl. dazu § 103 Anm 4a, lfd Nr. 80).

Nr. 26. § 33 Anm 3a (2) (a) Anfang **S. 69**

Wie OLG Hamm auch **BGH** 13/157, 161f. **(Amtsprüfung und Aufhebung, falls ein JGer. zu Unrecht gegen Erw. erkannt hat);** aA OLG Stuttgart NJW 59/1697 f. (Aufhebung nur auf Rüge, dann stets); wie hier Pentz GA 58/300, da der Erw. nicht beschwert ist.

Nr. 27. § 38 Anm 8 Zeile 2 **S. 80**

Auch im Verf. **gegen heranwachsende Soldaten** wirkt die **Jugendgerichtshilfe** mit (OLG Schleswig EJF C I 47 = Schl HA 58/341; für Heranwachsende allg. OLG Hamburg GA 58/57 = EJF C I 34 = ZBl 58/56).

Nr. 28. § 41 Anm 3a Zeile 4 nach Staatsschutzkammer: [2a]) **S. 84**

Anm 3b Zeile 2 nach Staatsschutzkammer: [2a])

Anm 4a Zeile 2 nach **Staatsschutzkammer**: [2a])

Fußnote 2a:

S. BGH 13/378: Die **Zuständigkeit** nach § 74a GVG ist eine **sachl.** Zuständigkeit nur im Verhältnis des Landgerichts zu den Amtsgerichten, im übrigen eine Regelung der **örtl.** Zuständigkeit im Verhältnis mehrerer Landgerichte untereinander und eine geschäftsordnungsmäßige **(funktionelle)** Zuständigkeit im Verhältnis der Staatsschutzkammer zu den übrigen großen Strafkammern am selben Landgericht.

Nr. 29. § 41 Anm 7 Zeile 1 **S. 85**

Wie hier OLG Celle GA 60/86 = EJF C I 63 = ZBl 60/27 (der Jugend-einzel-richter **ist auch bei Einbeziehung zur Einheitsstrafe an seinen Strafbann gebunden**).

Nr. 30. § 42 Fußnote 1 **S. 87**

AA auch LG Regensburg MDR 59/596, das bei Steuervergehen von Hw die Zuständigkeit des JRichters am Sitz des LG auf die Fälle beschränkt, in denen bei Tateinheit die Strafe aus dem Steuer- oder Monopol-Ges. zu entnehmen ist. Für die Anwendung des § 476a AbgO auch Kohlhaas Anm EJF C I 30 u. 35 und Schnitzerling DRiZ 58/317, beide mit Bedauern. — **Wie hier — § 476a AbgO gilt nicht für das JGericht** — Goetzeler NJW 60/1656f.

Nr. 31. § 42 Fußnote 2 **S. 87**
Der **BGH** (13/209) hat seine Meinung nun ausführlich begründet und dabei ausgeführt: **„Auf freiem Fuß befindet sich** somit nur, wer in keiner Weise durch eine behördliche Anordnung in seiner Freiheit und in der Wahl seines Aufenthaltsortes beschränkt ist". Danach sind aber auch Soldaten und — mindestens strafversetzte oder abgeordnete — Beamte nicht auf freiem Fuß! Wie BGH OLG Celle NJW 58/1835 = EJF C I 51, OLG Schleswig Schl HA 60/179, Schnitzerling DRiZ 58/316 (der alle Schwierigkeiten durch unzulässig weite Auslegung des § 42 III vermeidet). — **AA (Fürsorgezöglinge sind auf freiem Fuß)** OLG Hamm NJW 59/1095, Grethlein Anm EJF C I 51 (Zusammenfassung) und Dünnhaupt NJW 58/1835. — Die Praxis versagt dem BGH glücklicherweise weithin die Gefolgschaft; **§§ 7, 9, 13 StPO** schaffen oft die willkommene formelle Grundlage.

Nr. 32. § 42 Anm 4a Zeile 1 in Klammer **S. 88**
und BGH 13/209 — **Abgabe erst nach Eröffnung des Hauptverfahrens.**

Nr. 33 § 42 Anm 4a Zeile 4 **S. 88**
Wechsel des Aufenthaltsortes nach Erhebung der Anklage genügt (überzeugend BGH 13/209, 216f., OLG München NJW 58/1056, OLG Schleswig Schl HA 60/179, Dallinger-Lackner N 26; aA noch BGH NJW 54/1775, OLG Hamm NJW 59/1095; s. FN 6!).

Nr. 34. § 42 Fußnote 5 **S. 88**
Unfreiwilliger Wechsel des Aufenthaltes **genügt zur Abgabe nach § 42 III:** BGH 13/209, 214f, OLG Schleswig Schl HA 60/179.

Nr. 35. § 42 Anm 4a (1) vorletzte Zeile (S. 89 Zeile 2) **S. 89**
Dagegen setzt **§ 12 II StPO** voraus, daß bei Anklageerhebung auch bei den anderen Gerichten eine Zuständigkeit bestand (allgM, BGH 13/209, 210).

Nr. 36 § 42 Anm 4a (1) aE (S. 89 Zeile 3) **S. 89**
Eine **mehrfache Abgabe bei mehrfachem Aufenthaltswechsel** ist zulässig (BGH 13/284, 286). **Doch darf durch die Abgabe das Verf. nicht verzögert werden.** (Kohlhaas Anm EJF C I 60). Deshalb ist z. B. bei leichteren Verkehrs-Verfehlungen eine Abgabe nur selten angebracht (BGH 13/186, 190).
Eine Abgabe gem. § 42 III ist im vereinfachten JVerf. nicht zulässig, weil hier niemals die zur Abgabe erforderliche Bindung des Gerichts eintritt, da das Gericht bis zur Entsch. dieses Verf. ablehnen kann (§ 77 I). Ein Ablehnungsgrund ist, daß ein Aufenthaltswechsel vorliegt, der im Regel-Verf. zur Abgabe nach § 42 III führen würde [BGH 12/180, 182ff; aA Schnitzerling DRiZ 58/316, der Abgabe zuläßt, sobald der Antrag nicht mehr zurückgenommen werden kann, darüber s. § 78 Anm 3b (1)]. Gleiches gilt, wenn dem vereinfachten JVerf. eine jugendrichterl. Verfügung vorausgegangen ist.
Im Strafbefehls- und Strafverfügungsverfahren ist Abgabe nach § 42 III wie Übertragung nach § 12 II StPO **erst nach Beginn der** auf rechtzeitigen Einspruch hin anberaumten **Hauptverhandlung** möglich, regelmäßig aber nicht mehr zweckmäßig (BGH 13/186, 188ff.). Gleiches gilt für die jugendrichterliche Verfügung, falls ausnahmsweise nicht gem. § 76 II im vereinfachten JVerf. entschieden wird.

Nr. 37. § 42 Anm 4a 4. Zeile von unten (S. 89 Zeile 10) **S. 89**
Das ObLG ist nicht gemeinschaftl. oberes Gericht (BGH 11/80ff, ObLG 57/165ff)

Nr. 38. § 42 Anm 4a (3) aE **S. 89**
Später auftauchende Bedenken können nicht mehr berücksichtigt werden (BGH 13/284ff.).

Nr. 39. § 42 Fußnote 6 **S. 89**
Vgl. lfd Nr. 33 zu § 42 Anm 4a Zeile 4 S. 88

Nr. 40. § 43 Fußnote 3 **S. 94**
Der BGH (NJW 59/2315) macht **keinen Unterschied zwischen Psychiater und Psychologen** als Sachverständigen in Fällen ohne Krankheitsgehalt, verpflichtet aber das Gericht, das vom Gutachten des beigezogenen Psychiaters abweichen und der von diesem unterbreiteten Ansicht eines Psychologen folgen will, vorher einen Psychologen zuzuziehen.

Nr. 41. § 45 Fußnote 1 **S. 97**
Wie hier **(Klageerzwingungsverf. gegen Einstellung nach § 170 II StPO)** OLG Braunschweig NJW 60/1214; aA OLG Frankfurt MDR 59/415 = EJF D II 10 mit abl. Anm Möhl.

Nr. 42. § 45 Anm 2d (2) Zeile 5 **S. 100**
Wegen **Verjährungsunterbrechung** durch Verf. nach § 45 s. § 4 Anm 1a lfd Nr. 7.

Nr. 43. § 45 Anm 5a Zeile 8 **S. 101**
Wie hier **(gegen Entsch. nach § 45 nur Dienstaufsichtsbeschwerde)** OLG Braunschweig NJW 60/1214f.

Nr. 44. § 48 Anm 3b (1) aE **S. 107**
Wie hier **(auch bei Hw kann Urteil unter Ausschluß der Öffentlichkeit verkündet werden)** OLG Oldenburg NJW 59/1507 = MDR 59/682 = JZ 59/499 = GA 59/254 = EJF C I 61.

Nr. 45. § 52 Anm 1e aE **S. 114**
Näher über die **Anrechnung von UHaft gem. § 450 StPO** bei Rechtsmitteln, die der Ges.Vertreter oder Erz. Berechtigte eingelegt hat: Pentz GA 58/303f. (zutreffend).

Nr. 46. § 53 Anm 2d aE **S. 118**
Hat der **Vormundschaftsrichter** die **Erz.Hilfe** durch den Diszipl. Vorgesetzten angeordnet, obliegt ihm auch die **Erledigt-Erklärung** gem. §§ 112 b III S. 1, 112 c I, da das Verf. des JGerichts mit der Übertragung abgeschlossen ist und das weitere (FGG-)Verf. dem VormRi. obliegt (Dallinger-Lackner § 112 c N 6).

Nr. 47. § 55 Anm 2 Zeile 2 **S. 125**
§ 55 I gilt jedoch **nicht für die** in § 59 besonders geregelte **Anfechtung der nachträglichen Entscheidungen über die Strafaussetzung** zur Bewährung (Potrykus NJW 60/1216 Anm).

Nr. 48. § 55 Anm 2b (2) (a) aE (S. 125, 3. letzte Text-Zeile) **S. 125**
Gesetzwidrig und damit **unbeschränkt anfechtbar** ist z. B. die **Ablehnung** der Bildung **einer Einheitsstrafe** aus rechtsirrigen Erwägungen (OLG Schleswig EJF C I 46 = Schl HA 58/180).

Nr. 49. § 55 Anm 3b Zeile 10 **S. 127**
Strittig ist, **wann die Wahl zwischen Berufung und Revision ausgeübt ist.** Dem **BGH** (13/388) genügt die Bezeichnung als Revision nicht; er verlangt eine Erklärung, daß die Revision gewählt werde, oder die Stellung der Revisionsanträge, die Erhebung von Verfahrensrügen uä. Das **ObLG** NJW 60/1682 sieht bei einem schon vor dem Amtsgericht aufgetretenen rechtskundigen Verteidiger die Ausübung der Wahl schon in der Einlegung der Revision, wenn der Eröffnungsbeschluß (Strafbefehl) ein Vergehen zum Gegenstand hatte. **A. Mayer** (NJW 60/733) meint mit guten Gründen, die Wahl sei durch die Bezeichnung als Revision getroffen, **Eb. Schmidt** (NJW 60/1651) will jedes Rechtsmittel ohne Rücksicht auf die Bezeichnung (Anfechtung, Berufung, Revision) als Berufung behandelt wissen, wenn diese zulässig ist und in der Begründungsfrist keine Revisionsanträge gestellt sind.

Nr. 50. § 55 Fußnote 11 **S. 127**
Wie hier **(kein Übergang von Revision zur Berufung)** ObLG NJW 59/2280 (Vorlagebeschl.), OLG Nürnberg MDR 59/595 = GA 59/319, Mayer NJW 59/1522; aA OLG Karlsruhe NJW 59/209, OLG Hamm JMBl NRW 59/175, OLG Schleswig Schl HA 59/216 für den Fall, daß das Urteil bei Einlegung der Revision noch nicht zugestellt ist, ebenso Weigelt DAR 59/295.

Nr. 51. § 55 Fußnote 20 **S. 128**
Vgl. ObLG 59/168: Die **vom LG übersehene Berufung** wird gegenstandslos, wenn der Berufungsführer mit der — zwar eingelegten — Revision seine übergangene Berufung nicht weiter verfolgt.

Nr. 52. § 55 Fußnote 32 **S. 129**
Wie hier **(Erhöhung der JStrafe** verstößt auch bei gleichzeitiger Anordnung der **Strafaussetzung** zur Bewährung gegen das **Verschlechterungsverbot)** OLG Hamm EJF C I 50.

Nr. 53. § 55 Fußnote 39 **S. 131**
Wie hier **(durch das Verschlechterungsverbot erforderliche Jugendstrafe unter 6 Monaten ist zulässig)** OLG Hamm EJF C I 50.

Nr. 54. § 57 Anm 1b aE **S. 134**
Ist Strafaussetzung zur Bew. **beantragt, muß** wenigstens in den Urteilsgründen **ausgesprochen werden, daß die Entsch.** dem Beschluß Verf. **vorbehalten bleibt** (III, § 267 III 3 StPO; BGH 14/74).

Nr. 55. § 57 Anm 1c Satz 1 **S. 134**
Ob über die Bewährung im Urteil oder später durch Beschluß entschieden wird, bestimmt das **pflichtgemäße Ermessen** des Gerichts auch dann, wenn Strafaussetzung ausdrücklich beantragt ist (BGH 14/74).

Nr. 56. § 58 Anm 3b aE **S. 136**
Bei Wehrpflichtigen kommt eine **Übertragung an** das Gericht des **Garnisonortes** regelmäßig **nicht** in Betracht, wenn die Straftaten in der Zivilzeit begangen wurden (BGH NJW 59/1503; OLG Köln EJF C I 66); wegen weiterer Probleme bei Soldaten s. zust. Anm Grethlein zu BGH NJW 59/1503.

Nr. 57. § 59 Anm 2b aE **S. 138**
Dagegen kann der Beschluß, durch den ein Antrag auf **Widerruf zurückgewiesen** wird, im Hinblick auf Abs. IV (s. Anm 2e!) **nicht angefochten** werden (LG München II NJW 60/1216 m. zust. Anm Potrykus; vgl. Schnitzerling ZBl 60/115).

Nr. 58. § 59 Anm 3a aE **S. 139**
Die Rechtsmittelbeschränkung des **§ 55 I 1 gilt** neben dieser abschließenden Sonderregelung **nicht** (Potrykus NJW 60/1216 Anm).

Nr. 59. § 68 Anm 3b (1) aE (Zeile 3) **S. 153**
Wie hier **(notwendige Verteidigung**, auch **wenn JKammer** übernommen hat oder gegen Hw nach allg. Recht zuständig ist) BGH GA 59/178.

Nr. 60. § 73 Fußnote 1 **S. 161**
Wie hier (spätere Verlängerung oder Ergänzung der **Untersuchungsfrist bis zu 6 Wochen** ist zulässig) OLG Schleswig MDR 59/415, 513 = Schl HA 59/81.

Nr. 61. § 74 Anm 1b aE **S. 167**
(2) **Die Kosten für einen Verteidiger** sind auch dann notwendige Auslagen des minderjährigen Angekl., wenn der Verteidiger nur vom gesetzl. Vertreter ausgewählt und bevollmächtigt wurde (LG Bückeburg NJW 60/1026).

Nr. 62. § 74 Anm 2b Satz 2, Zeile 3 **S. 167**
Wie hier **(Urteil nach § 27 muß Kostenentscheidung enthalten)** LG Wuppertal EJF C I 53 (abl. Anm Potrykus wie schon RdJ 56/281) und Löwe-Rosenberg § 464 StPO Vorb. 5a, Anm 1a aa.

Nr. 63. § 75 Anm 3a (3) Zeile 1 **S. 169**
Wie hier („**Im Strafverfügungsverfahren hat die Polizei** bis zur Abgabe der Akten an das AG die **Stellung des Staatsanwalts**") BGH 12/177, 178.

Nr. 64. § 75 Anm 3a (3) aE **S. 169**
Die **Verweisung gem. § 42 III durch das Ger.** ist **erst** nach Beginn der Hauptverhandlung (BGH 13/186, 188f.) **und auch nur** dann möglich, wenn ausnahmsweise nicht gem. § 76 II im vereinfachten JVerf. verhandelt wird (BGH 12/180, 182ff.). S. insgesamt § 42 Anm 4a (1) aE, lfd Nr. 36 Abs. 2 u. 3.

Nr. 65. § 75 Anm 3b Zeilen 5/6 **S. 170**
AA OLG Düsseldorf JZ 59/66 (es müsse nur Gelegenheit zur **Äußerung** gegeben werden) mit ablehnender Anm Eb. Schmidt, der überzeugend auf den klaren Wortlaut hinweist.

Nr. 66. § 75 Anm 5b aE **S. 171**
Wie hier für das allg. Recht **(nach Einspruch** kann **nur mit** der **Zustimmung des Staatsanwalts** wegen Geringfügigkeit **nach § 153 StPO** eingestellt werden) OLG Hamburg JZ 58/576 m. zust. Anm Schaefer.

Nr. 67. § 78 Anm 4d aE **S. 178**
Ebenso hat **der Staatsanwalt nach Ablehnung der Entscheidung** im vereinfachten JVerf. das **Recht, das Verf. abzugeben** (BGH 12/180, 184).
e) Dagegen kann der **JRichter** das bei ihm anhängige vereinfachte JVerf. **nicht gem. § 42 III abgeben** (BGH 12/180, 182f, s. § 42 A 4a (1) aE, lfd Nr. 36 Abs. 2 u. 3).

Nr. 68. § 78 Anm 5a aE **S. 178**
(5) Eine **Abgabe gem. § 42 III ist nicht möglich** (s. o. § 78 A 4e lfd Nr. 67).

Nr. 69. § 78 Fußnote 3 aE **S. 178**
Auch der BGH (12/180, 184 oben) spricht davon, daß die **Staatsanwaltschaft „ihre volle Entschlußfreiheit zurückerhält".**

Nr. 70. § 80 Anm 3b aE **S. 182**
Über die rechtlichen Folgen bei **Wegfall der Privatklage** s. Pentz GA 58/302.

Nr. 71. § 80 Fußnote 2 **S. 182**
Wie hier **(gegen Ablehnung der Verfolgung nur Dienstaufsichtsbeschwerde)** OLG Braunschweig NJW 60/1214f.

Nr. 72. § 84 Anm 3 aE **S. 187**
Über Zuständigkeit für die **Nebengeschäfte der Vollstreckung** s. auch §§ 94 RL 1, 100 RL. Der JRichter (JStaatsanwalt) braucht aber nur anzuordnen; die Ausführung kann er der Geschäftsstelle überlassen.

Nr. 73. § 85 Anm 2a Zeile 1 dieser Seite **S. 193**
Die Landesjustizverwaltung hat diese Befugnis zur Ernennung des besonderen Vollstreckungsleiters nur, wenn ihr die **Ermächtigung** von **der Landesregierung** übertragen ist. S. § 33 Anm 1c (3), lfd Nr. 23.

Nr. 74. § 89 Anm 2c (1) aE (S 200, 5. Zeile von u.) **S. 200**
Berechnung der Umwandlungsstrafe wie hier (doch ohne Berücksichtigung von U-Haft, also nur tatsächliche Strafe + zur Bewährung auszusetzende Reststrafe) OLG Celle GA 60/86 = EJF C I 63 = ZBl. 60/27.

Nr. 75. § 93 Anm 3c (2) aE (Absatz Anm 3c 3. letzte Zeile) **S. 210**
Übermäßige (= gesundheitsschädigende) **Beschäftigung** (auch Selbst-B) läuft einem Zweck der **U-Haft**, nämlich der Gesunderhaltung für die gerichtliche Untersuchung, zuwider (KG JR 58/470 für das allg. Recht).

Nr. 76. § 94 Vorbemerkung aE **S. 211**
5) Für die **Verkehrssünderkartei** gelten für Jugendliche und Heranwachsende einige Besonderheiten:

Eingetragen werden neben JStrafe alle Erz. Maßregeln und Zuchtmittel (wie sich aus § 13 a I Z 2d StVZO ergibt), wenn sie durch Urteil oder Strafverfügung ausgesprochen sind. Im formlosen Erziehungs-Verf. **nach §§ 45, 47 angeordnete Maßnahmen werden nicht eingetragen**, da hier weder eine rechtskräftige Entscheidung des Gerichts (§ 6a StVG) noch eine rechtskräftige Verurteilung (§ 13 I 2c—e StVZO) vorliegt. **Nicht einzutragen sind ferner** Jugendstrafe, wenn **Strafaussetzung** z. Bew. angeordnet ist, und die **Aussetzung der Verhängung** der JStrafe gem. § 27, da in beiden Fällen kraft Gesetzes oder in Folge der zwingend vorgeschriebenen Anordnung die Einträge im Strafregister der beschränkten Auskunft unterliegen (§ 96 I, II), also entspr. Einträge in der Verkehrssünderkartei sofort zu tilgen wären (§ 13a III Z 1 StVZO, Müller NJW 60/1095f, FN 1).

Zu beachten ist auch, daß bei Urteilen, in denen **Einheits„strafen"** (§§ 31f) wegen Verkehrs- und anderer Delikte gebildet sind, nur der Schuldspruch wegen der Verkehrsverfehlung eingetragen wird, nicht aber die wegen aller Taten getroffenen Maßnahmen (§ 13 III S 2 StVZO).

Die **Tilgungszeit** bei Maßnahmen nach Jugendrecht ist verkürzt (für Führerscheinsentzug, Jugendstrafe über oder bis zu 1 Jahr, für Erz. Maßregeln, Zuchtmittel sowie bloßen Eintrag des Schuldspruchs nach Einheitsstrafe: §§ 13a I Z 1, I Z 2b u. c, I Z 2d StVZO). Weiter erfolgt Tilgung bei Beseitigung des Strafmakels (§ 13a III Z 1 StVZO).

Nr. 77. § 96 Anm 3a Zeile 4 **S. 216**
Die JKammer darf also die **Anordnung der beschränkten Auskunft nicht** dem JRichter **übertragen** (OLG Celle MDR 59/144 = GA 59/180 = EJF C I 62 = ZBl 59/29).

Nr. 78. § 103 Anm 4a (3) Zeile 4 (vorletzte Text-Zeile dieser Seite) **S. 226**
Wie hier **(wenn alle Jugendl. und Heranwachsenden ausgeschieden** sind, muß das JGericht das nur noch gegen Erw. gerichtete Verf. — **formlos** — **an das Erw. Gericht abgeben)** BGH 13/157, 159f, OLG Stuttgart NJW 59/1697; aA Dallinger-Lackner N 12 (es sei besonderer Trennungsbeschluß nötig); aA auch Pentz GA 58/300, der die Zuständigkeit des JGerichts weiter bestehen lassen will, da die Erw. nicht beschwert seien.

Nr. 79. § 103 Fußnote 4 **S. 226**
Wie hier **(Abgabe an JGericht, wenn im Verf. vor dem Erw.Gericht alle Erw. ausgeschieden sind)** BGH NJW 59/159, 161 (= 12/116, diese Stelle fehlt aber), Pentz GA 58/300; s. a. FN 5!

Nr. 80. § 103 Anm 4a (2. Zeile dieser Seite nach [5]) **S. 227**
; ebenso ist das **Erw.Gericht** zuständig, **wenn nur ein Erw. gegen** einen vom JGericht auf Grund Verbindung gegen ihn erlassenen **Strafbefehl Einspruch** einlegt (OLG Stuttgart NJW 59/1697).
Weiter sind **Berufungs- und Revisions-Gericht gehalten**, das bisher beim Erw.Gericht anhängige Verf. bei Aufhebung des Urteils an das JGericht **zu verweisen**, wenn die Erw. ausgeschieden sind und das Verf. sich nur gegen J und Hw richtet (**für Berufung** OLG Schleswig GA 59/28 = EJF C I 38 = Schl HA 58/117 allg. u. in soweit nicht mehr zutreffend, s. § 33 Anm 3a (1) (b) aE mit lfd Nr. 24; — **für Revision** BGH NJW 59/159, 161 — = 12/116, diese Stelle fehlt aber —, Deisenhofer Anm EJF C I 34 gegen OLG Hamburg aaO und GA 58/57 = ZBl 58/56, s. lfd Nr. 25).
— Zusammenfassend Weigelt DAR 59/293.

Nr. 81. § 103 Anm 4b aE **S. 227**
Die Vereinbarung erfordert Beschlüsse der Gerichte, Verfügungen der Vorsitzenden von Straf- oder JKammern genügen nicht. Die Beschlüsse müssen ebenso wie die Zustimmungserklärungen der beteiligten Staatsanwälte aktenkundig sein (ObLG MDR 60/782). Eine solche Verbindung ist **nicht nur zwischen erstinstanzlichen, sondern auch zwischen Verfahren der Berufungsinstanz** möglich (ObLG aaO hat das offengelassen), nicht jedoch zwischen erst- und zweitinstanzlichen Verf.
c) Hat das Gericht Verfahren **getrennt, kann es** diese so lange **von sich aus wieder verbinden**, als das abgetrennte Verf. noch nicht abgegeben ist (ObLG 59/132) — also ohne Einschaltung des Staatsanwalts und des Gerichts, an das abgegeben werden sollte —.

Nr. 82. § 103 Fußnote 5 **S. 227**
Wie hier (über die **Berufung eines J gegen** ein Urteil des gem. § 103 für ihn zuständigen **Erw.-Gerichts** entscheidet die JKammer, wenn alle Erw. ausgeschieden sind, und umgekehrt) BGH 13/157, 159f.

Nr. 83. § 105 Anm 2b (1) (c) Zeile 2 **S. 231**
S. BGH EJF C I 43 und bei Dallinger MDR 58/566: **Kfz-Entwendungen zu Spazierfahrten** ohne weitere Vorteile als Ausfluß des starken Reizes der Technik.

Nr. 84. § 105 Anm 2b (1) (d) aE **S. 231**
S. BGH EJF C I 43 und bei Dallinger MDR 58/566: **Ungute Kameraden haben oft großen Einfluß**, weil gerade die Schwäche gegen schlechte Einflüsse für diese Altersstufe kennzeichnend ist; deshalb ist es ohne Bedeutung, wenn der Angekl. seinen Freunden auf geistig-sittlichem Gebiet überlegen ist.

Nr. 85. § 105 Anm 2b (2) aE **S. 231**
(d) Leistungsehrgeiz (im Gegensatz zum Geltungsehrgeiz des J).

Nr. 86. § 105 Anm 2b (4) Zeile 3 **S. 231**
bes. auch **Kfz-Entwendungen** zu Spazierfahrten ohne das Anstreben weiterer Vorteile aus der Tat (BGH EJF C I 43 und bei Dallinger MDR 58/566).

Nr. 87. § 105 Anm 2c (1) aE [vor (2)] **S. 232**
Frühe Selbständigkeit in ungünstiger Umgebung **und** eine **Ehe** mit einem charakterlosen Mann **fördern nicht unbedingt** die Entwicklung; naives Zutrauen einer noch nicht starken und noch nicht sicheren Persönlichkeit kann eher das Gegenteil bewirken (BGH 12/116, 120).
(c) **Bei einer fortgesetzten Tat**, bei deren Beginn der Täter kurz vor Vollendung des 18. Lebensjahres stand und **bei deren Ende er 18½ Jahre alt war**, ist bes. sorgfältig zu prüfen, ob die Reife bei den letzten Tatteilen vorlag (BGH bei Dallinger MDR 58/566).

Nr. 88. § 105 Anm 2c (2) Zeile 2 **S. 232**
; selbst bei **verminderter Zurechnungsfähigkeit** (§ 51 II StGB) können also die Voraussetzungen des § 105 I Z 1 für die **Anwendung von JRecht nicht** gegeben sein (BGH NJW 59/1500).

Nr. 89. § 105 Fußnote 2 **S. 232**
Blau MDR 59/717 setzt sich — weithin überzeugend — für die Anerkennung einer **partiellen strafrechtlichen Vollreife** ein, ohne alle Bedenken ausräumen zu können.

Nr. 90. § 105 Anm 2d Zeile 5 (auf dieser Seite) **S. 233**
Der BGH (EJF C I 43 mit Anm Kohlhaas) formuliert: „**Eine JVerfehlung liegt u. a. dann vor,** wenn die Tat ihrem äußeren Erscheinungsbild nach kennzeichnend für Verfehlungen ist, wie sie bei Jugendlichen oft vorkommen", also auch bei den Gutgearteten. Der BGH aaO behandelt eine Kfz-Entwendung allein zur Spazierfahrt unter dem Einfluß unguter Freunde (auch bei Dallinger MDR 58/566).

Nr. 91. § 105 Anm 2e (1) aE **S. 233**
— **Über die Ermittlungsmöglichkeiten** s. BGH MDR 54/694 u. BGH 12/116, 117f; liegt die Tat schon einige Zeit zurück, sind **über den Entwicklungsstand** z. Z. der Tat Zeugen zu vernehmen, die den Angeklagten damals gut gekannt haben (BGH 12/116, 120).

Nr. 92. § 105 Anm 2e (3) letzte Zeile **S. 233**
Wie hier (**bei unbehebbaren Zweifeln hat JRecht den Vorzug, doch** muß es **dann hinter das Erw.Recht** zurücktreten, **wenn** dessen Strafen im konkreten Fall **milder** sind als die Maßnahme des JRechts) im Ergebnis durch Anwendung der jeweils milderen Rechtsordnung Schaffstein, Jugendstrafrecht S. 31, 43; **aA BGH** 12/116, 118f, der bei unbehebbaren Zweifeln nach dem angebl. Sinn des § 105 stets das JRecht anwenden will, auch wenn das Erw.Recht milder ist. Vgl. die ablehnende Anm Grethlein NJW 59/542 und Kohlhaas EJF C I 45. Die „Sinninterpretation" des BGH läßt

zu lfd Nr 92 **S. 233**
sich mit dem Wortlaut des Gesetzes nicht mehr vereinbaren und benachteiligt den Angeklagten, weil nach Erw. Recht oft eine weniger einschneidende Maßnahme als nach JRecht verwirkt ist und in den Zweifelsfällen nicht auszuschließen ist, daß bei umfassender Kenntnis und Erkenntnis Erw. Recht anzuwenden wäre.

Nr. 93. § 105 Anm 4c aE **S. 234**
— Das Vorliegen einer JVerfehlung kann nicht mit der Begründung abgelehnt werden, daß derartige Delikte von Tätern aller Altersklassen begangen werden, da **jede Tat nach den Umständen und Beweggründen eine JVerfehlung** sein kann (OLG Hamm VRS 60/113).

Nr. 94. § 105 Anm 4e Zeile 2 **S. 235**
Wie hier (**keine Bindung an Reifegradentscheidungen früherer Verfahren**) BGH NJW 59/159, 160 (= 12/116ff; dort ist dieser Teil nicht abgedruckt).

Nr. 95. § 105 Anm 4 aE **S. 235**
f) Wegen der **Strafzumessung bei** Taten Heranwachsender nach **Alkoholgenuß**, der zu verminderter Zurechnungsfähigkeit (§ 51 II StGB) geführt hat, s. ausführlich § 3 Anm 4a aE, lfd Nr. 6.

Nr. 96. § 106 Anm 2 aE **S. 236**
3) Wegen der **Strafzumessung bei** Taten Heranwachsender nach **Alkoholgenuß**, der zu verminderter Zurechnungsfähigkeit (§ 51 II StGB) geführt hat, s. ausführlich § 3 Anm 4a aE, lfd Nr. 6.

Nr. 97. § 112d Anm 1c aE **S. 252**
Wie hier (**auch gegen heranwachsende Soldaten** muß die **Jugendgerichtshilfe** eingeschaltet werden) OLG Schleswig EJF C I 47 = Schl HA 58/341.

Nr. 98. § 121 Anm 1c Zeile 3 **S. 259**
Wie hier (**JKammer auch zuständig wegen Verletzung Heranwachsender, wenn** die Schutzvorschrift — zB § 174 Z 1 StGB — deren Schutz mit umfaßt) BGH 13/53, 58f.

Nr. 99. § 121 Anm 2b (1) Zeilen 1, 2 **S. 259**
Das **Wahlrecht des Staatsanwalts** widerspricht nicht Art. 101 GG (BGH 13/297).

Nr. 100. § 121 aE **S. 259**
3) Über die **Glaubwürdigkeit kindlicher Zeugen** und deren Untersuchung s. Blau GA 59/294 (psychologische Glaubwürdigkeits-Gutachten), Knögel NJW 59/1663, Jagusch LM Anm § 244 II StPO Nr. 15 (knappe Wiedergabe der Rechtsprechung des BGH), BGH 13/297, 300 (über Ermittlungen zur Person jugendl. Zeugen).

Nr. 101. Fundstelle der neuen Entscheidungen s. Anlage S. 20 f. **S. 267**

Nr. 102. Ins **Sachregister** ist einzufügen

Ermächtigung zum Erlaß von Rechts VO	§ 33 Anm 1c (3)	**S. 275** links
Haftgericht § 33 A 1c (1), (3)		**S. 278** rechts
Verkehrssünderkartei § 94 Vorb. 5		**S. 291** rechts
Zentralkartei Flensburg § 94 Vorb. 5		**S. 294** rechts

Nr. 103. § 32 Anm. 2a hinter lfd Nr. 20 **S. 65**
Vgl. dazu Kohlhaas Anm EJF C I 67.

Nr. 104. § 33 Anm 1b aE **S. 67**
(4) **Die ordentlichen Sitzungstage müssen** für das ganze Geschäftsjahr **von vornherein festgesetzt** und hierfür die Jugendschöffen ausgelost werden (§§ 45, 77 GVG). Die Festsetzung gemeinsamer Sitzungstage zB für Jugend- und Straf-Kammer und die Bestimmung durch den Vorsitzenden der Jugendkammer im Einzelfall, wann die Jugendkammer tagen soll, ist unzulässig. Reichen die vorher bestimmten Sitzungstage nicht aus oder muß kurzfristig terminiert werden, muß eine **zusätzliche außerordentliche Sitzung** anberaumt werden, zu der die Jugendschöffen nach §§ 45, 98 GVG auszulosen sind (BGH 10. 8. 60 2 StR 307/60 NJW 60/1918 = EJF C I 68).

Nr. 105. § 33 Anm. 3a (1) (d) aE **S. 69**
Wurde dagegen das Verfahren vor dem zuständigen Gericht geführt, ohne daß dem Verfahren eine **ordnungsgemäße Eröffnung** zugrunde lag, muß das Revisionsgericht das Urteil auch ohne darauf gerichtete Rüge aufheben (näher s. § 103 Anm 4c lfd Nr. 109).

Nr. 106. § 45 Fußnote 1 hinter lfd. Nr. 41 **S. 97**
Wie hier auch OLG Hamm NJW 60/1968.

Nr. 107. § 55 Fußnote 31 **S. 129**
Wie hier OLG Hamburg NJW 60/1970: bestimmte Jugendstrafe in Höhe des Höchstmaßes der zunächst verhängten Jugendstrafe unbestimmter Dauer verstößt nicht gegen das Verschlechterungsverbot.

Nr. 108 § 67 Anm 1b aE **S. 150**
— Diese Regelung wird auch durch die Auswirkungen der **Gleichberechtigung nicht berührt** (Kohlhaas NJW 60/1,3 und 1940f; aA Boeckmann NJW 60/1940f, der formalistisch meint, die Eltern seien nicht m e h r e r e Erziehungsberechtigte, da sie gem. § 1626f BGB die elterliche Gewalt nur g e m e i n s a m ausüben könnten).

Nr. 109 § 103 Anm 4 b aE **S. 227**

c) Hat dagegen die Staatsanwaltschaft nach einem Verkehrsunfall Strafbefehle bei den jeweils zuständigen Erwachsenen- und Jugend-Richtern beantragt, erläßt aber der Erwachsenenrichter die beantragten Strafbefehle gegen den Erwachsenen und Heranwachsenden und verhandelt der Jugendrichter auf Einspruch des Heranwachsenden gegen diesen, so liegt dem Urteil des Jugendgerichts gegen den Heranwachsenden **keine ordnungsgemäße Eröffnung des Verfahrens** zugrunde. Diesen Mangel muß das Revisionsgericht **von Amtswegen beachten** und das Verfahren gegen den Heranwachsenden wegen Fehlens einer Prozeßvoraussetzung **einstellen.** Der Staatsanwalt hätte nach dem Einspruch die Klage fallen lassen sollen (ObLG 1. 6. 60 RR 1 St 96 a b/60 NJW 60/2013 = EJF C I 69). Der Mangel hätte nicht durch Verweisung behoben werden können (§ 33 Anm 3 a (1) (a) u. (b); das ObLG aaO läßt dahingestellt), doch wäre der Mangel dann nur auf Rüge zu beachten gewesen (§ 33 Anm 3 a (1) (d)).

Nr. 110. § 105 Anm 1 Zeile 1 Satz 1 aE **S. 230**

Eine **Aufhebung** durch das Rechtsmittelgericht nach § 105 erfolgt deshalb **nur zum Strafmaß,** umfaßt aber auch die Frage der Entziehung der Fahrerlaubnis (OLG Hamm NJW 60/1966 = DAR 60/339).

Nr. 111. § 105 Anm 2 b (1) (c) Zeile 2 hinter lfd Nr. 83 **S. 231**

Verkehrsdelikte Heranwachsender, die aus puberaler motorischer Enthemmung, aus Geltungsstreben, Selbstbestätigungs- und Erlebnisdrang erwachsen, **können** bei aller intellektueller Kenntnis der Verkehrsvorschriften **typische Reifungsdelikte darstellen** (OLG Hamm NJW 60/1966 = DAR 60/339; s. auch § 105 Anm 4 c lfd Nr. 112).

Nr. 112. § 105 Anm 4 c aE hinter lfd Nr. 93 **S. 234**

Das gilt **auch für Verkehrsverfehlungen,** bei denen die Annahme nahe liegt, daß der Mangel an Verantwortungsbewußtsein auf noch nicht voller sozialer Reife beruht (s. § 105 Anm 2 b (1) (c) lfd Nr. 111), weshalb die **Anwendung allgemeinen Rechts besonderer Begründung** bedarf (OLG Hamm NJW 60/1966 = DAR 60/339; s. aber für Strafbefehl § 109 Anm 2 b (4) und die Tendenz, Verkehrsverstöße weithin als Ordnungswidrigkeiten zu behandeln und damit sogar bei Jugendlichen mit Geldbußen zu bedrohen: § 1 Anm 1a(1)).

A

Fundstellenverzeichnis der Entscheidungen des Bundesgerichtshofes

I Amtliche Sammlung

Amtl. Samm-lung	Datum	Aktenzeichen	NJW	MDR	JZ	JR	LM	Weitere Fund-stellen
9/203	12. 1. 56	3 StR 626/54	56/1326				§ 52 GVG 1	BB 56/799
12/116	23. 10. 58	4 StR 327/58	59/ 159, 542	59/143	59/184	59/103	§ 105 JGG 9	EJF CI 45
12/129	4. 11. 58	5 StR 441/58	59/ 156	59/ 226		59/224	§ 20a StGB 17	
12/177	31. 10. 58	1 StR 417/58	59/ 250	59/ 225		59/266f	§ 68 StGB 7	
12/180	14. 11. 58	2 ARs 182/58	59/ 396	59/ 322			§ 42 JGG 7	EJF CI 56
12/197	2. 12. 58	1 StR 375/58	59/ 349	59/ 231			§ 36 GVG 1	
12/243	9. 12. 58	1 StR 551/58	59/ 395	59/ 231			§ 84 GVG 3	
13/ 53	20. 3. 59	4 StR 416/58	59/1093	59/ 679			§ 26 GVG 2	
13/157	13. 5. 59	4 StR 439/58	59/1694	59/ 940			§ 103 JGG 5	EJF CI 57 ZBl 59/267
13/186	10. 7. 59	2 ARs 86/59	59/1695	59/ 940			§ 42 JGG 6	EJF CI 59 DAR 59/ 277
13/209	30. 6. 59	2 ARs 158/58	59/1834	59/1026			§ 42 JGG 5	EJF CI 55
13/284	13. 10. 59	2 ARs 55/59	60/ 59	60/ 65			§ 42 JGG 8	EJF CI 60
13/297	29. 10. 59	2 StR 393/59	60/ 56	60/ 150	60/416		§ 26 GVG 3	EJF DII 8
13/378	22. 12. 59	3 StR 40/59	60/ 493	60/ 331			§ 74a GVG 1	
13/388	15. 1. 60	1 StR 627/59	60/ 494, 733	60/ 422	60/322	60/188		
14/ 74	13. 1. 60	2 StR 557/59	60/ 587	60/ 332	60/448		§ 57 JGG 1	EJF CI 64
14/198	—	siehe bei —	60/1357					
14/287	—	siehe bei —	60/1531					

II. NJW

NJW	Datum	Akten-zeichen	MDR	JZ	LM	Weitere Fundstellen
59/1500	16. 6. 59	1 StR 261/59	59/772	59/427	§ 105 JGG 10	EJF C I 54
59/1503	22. 5. 59	2 ARs 72/59				
59/2315	22. 7. 59	4 StR 250/59	59/858			EJF D II 9
60/1357	11. 3. 60	4 StR 574/59	60/690		§ 243 I Z 7 StGB 5	EJF C 1 65, [1])14/198, 201
60/1531	6. 5. 60	4 StR 107/60	60/773		§ 32 JGG 5	EJF C I 67, [1]) 14/287
60/1776	15. 6. 60	4 StR 20/60			§ 62 StPO 2	
60 Heft 40, II	19. 8. 60	4 StR 182/60				

[1]) Amtliche Sammlung.

III. Weitere Fundstellen

GA 59/178	17. 11. 58	2 StR 376/58	
EJF C I 43	20. 2. 58	4 StR 731/57	auch Dallinger MDR 58/566

B

Fundstellenverzeichnis der Entscheidungen des Bayerischen Obersten Landesgerichts

Amtl. Samm-lung	Datum	Akten-zeichen	Sonstige Zeitschriften
57/165	29. 11. 57	2 ARs 179/57	NJW 57/1566
58/263	28. 10. 58	2 St 529/58	EJF C I 52
59/132	20. 5. 59	1 St 243/59	JR 59/308; EJF C I 58
59/168	10. 6. 59	1 St 133/59	
59/210	7. 7. 59	1 St 333/59	

Sonstige Fundstellen:

NJW:	59/2280	16. 10. 59	2 St 521/59	VRS 59 Bd. 17 S. 431
	60/1682	26. 4. 60	2 St 106/60	
MDR:	60/ 782	8. 6. 60	1 St 238/60	NJW 60/2015, JR 60/386, EJF C I 70

Dallinger-Lackner, Rechtsprechung zum JGG S. 3 zu § 6: 28. 8. 57 1 St 620/56.

FSC
www.fsc.org
MIX
Papier | Fördert gute Waldnutzung
FSC® C083411

Kolibri 360 GmbH
Ferdinand-Jühlke-Straße 7
99095 Erfurt, Deutschland
produktsicherheit@kolibri360.de